죽음의 왕,
대서양의 해적들

죽음의 왕, 대서양의 해적들
Under the Banner of King Death : Pirates of the Atlantic, A Graphic Novel

글·그림	데이비드 레스터
글	마커스 레디커
엮은이	폴 불
옮긴이	김정연
감수	신은주
펴낸이	조정환
디자인	조문영
홍보	김하은
프리뷰	박서연 · 손보미 · 이수영
초판 인쇄	2024년 3월 26일
초판 발행	2024년 3월 29일
종이	타라유통
인쇄	예원프린팅
라미네이팅	금성산업
제본	바다제책
ISBN	978-89-6195-344-3 07900
도서분류	1. 역사 2. 그래픽 노블
값	17,000원
펴낸곳	도서출판 갈무리
등록일	1994. 3. 3.
등록번호	제17-0161호
주소	서울 마포구 동교로18길 9-13 2층
전화	02-325-1485
팩스	070-4275-0674
웹사이트	www.galmuri.co.kr
이메일	galmuri94@gmail.com

UNDER THE BANNER OF KING DEATH :
PIRATES OF THE ATLANTIC, A GRAPHIC NOVEL © 2023 by Marcus Rediker.
Originally published by Beacon Press.
Translation rights arranged by Sandra Dijkstra Literary Agency.
All Rights Reserved.

Art © 2023 by David Lester.
Foreword © 2023 by Marcus Rediker.
Story text © 2023 by David Lester and Marcus Rediker.
Afterword © 2023 by Paul Buhle.
Text adapted from *Villains of All Nations : Atlantic Pirates in the Golden Age*,
copyright 2004 © by Marcus Rediker.

Translation Copyright © 2024 by Galmuri Publisher.

차례

**원작자 마커스 레디커의 서문 :
우리에게 해적이 필요한 이유**
5

연표 : 해적의 황금시대, 1660년~1730년
8

용어 목록
9

죽음의 왕, 대서양의 해적들
11

**엮은이 폴 불의 후기 :
우리가 보아온 해적들 ― 대중문화사로부터의 주석**
127

원작자 마커스 레디커의 서문

우리에게 해적이 필요한 이유

해적을 상상해 보자. 머릿속에 바로 떠오르는 이미지는 한쪽 다리에 의족을, 한쪽 손에는 갈고리를, 한쪽 눈에는 안대를 끼고, 어깨에는 앵무새가 앉아 있는, 다양한 형태의 장애를 가진 한 남자이다. 그는 거칠고 상스러우며 때로는 유머러스하고 때로는 섬뜩하다. 로버트 루이스 스티븐슨의 『보물섬』에서부터 <캐리비안의 해적> 같은 할리우드 영화에 이르기까지 이러한 해적 이미지가 지난 수 세기 동안 미국의, 그리고 점점 더 전 지구화되는 대중문화를 뒤덮어 왔다.

이 이미지는 신화이지만 영향력이 강력하다. 모든 신화가 그렇듯이 작지만 본질적인 어떤 진실의 요소를 포함하고 있다. 1660년부터 1730년까지 공해상의 약탈자들이었던 "황금시대"의 해적은 거의 모두가 사회 최하층 출신의 가난한 사람들로 평범한 노동자 선원이었다. 대부분은 위험한 직업에 종사하며 생긴 상흔을 몸에 지니고 있었고 경계를 넘어 불법적 활동으로 진입한 사람들이었다. 그 시대의 해전에서는 대포알이 목선을 폭파시켰고 나무 파편과 덩어리가 튀어 선원들을 실명하게 하고 그들의 팔과 다리를 절단했다. 선원들은 삭구에서 추락했고 무거운 화물을 들어 올리다 탈장이 되었으며 말라리아를 비롯해 심신을 피폐하게 하는 여러 질병에 시달렸고 굴러가는 나무통에 찍혀 손가락을 잃었다. 많은 사람이 죽었고 시신은 대서양이라고 불리는 광대한 녹회색 묘지에 버려졌다. 불구가 된 선원이 대서양 세계 항구 도시의 거지 인

구의 대다수를 차지했다.

해적의 피폐한 신체는 해적들의 졸리 로저$^{Jolly\ Roger}$ 즉 악명 높은 검은 깃발인 "죽음 왕의 깃발 아래에서"[1] 항해한 사람들의 실제 역사를 이해하는 하나의 열쇠이다. 해적이 된 선원들은 심해 범선이라 불린 치명적인 기계에 갇힌 채로 생존을 위해 치열한 전투를 벌였다. 일하는 과정에서 일상적으로 불구가 되고 임금을 갈취당하며 썩은 음식을 제공받고 폭압적인 권력의 선장들에게 갑판 위에서 온몸을 구타당한 이 뱃사람들(그중에는 소수의 여성도 있었다)은, 해적선 위에서 근본적으로 다른 삶을 구축했다.

해적들이 가장 좋아하는 문구 중 하나는 "짧은 인생 신나게 살자", 또는 누군가가 말했듯이 "살 수 있을 때 살자"였다. 일반 선원은 누릴 수 없었던 자유·존엄·풍요, 이 모든 것과 더불어 말이다. 해적선 위에서 발명된 신나는 삶은, 이 세상 어디에서도 가난한 사람들이 민주적인 권리를 갖지 못했던 시대에 선원이 선장과 장교를 직접 선출할 수 있게 했다. 또 신나는 삶은 상선 산업이나 황실 해군의 위계적 관행에 비해 놀랄 만큼 평등주의적인 자원(그리고 삶의 기회들)의 재분배를 수반했다. 심지어 해적들은 건강이 안 좋거나 부상을 당해 일할 수 없는 사람들에게 약탈물을 나눠주는 하나의 초보적인 사회 복지 제도를 만들었다.

해적선의 대안적인 사회 체계가 더욱 놀라운 이유는 그것이 통념에 따르면 그들의 시대에도 우리 시대에도 협력할 수 없다고 여겨지는 "만국의 악당들" 즉 다인종·다민족 노동자가 창출한 것이었기 때문이다. 모든 해적선에 잉글랜드인, 아일랜드인, 그리스인, 네덜란드인, 프랑스인, 또는 아메리카 선주민 선원이 있었다. 아프리카인과 아프리카계 아메리카인 뱃사람들은 해안 지역 노예 농장 근방의 카리브해와 북아메리카 해역을 자유롭고 파괴적으로 항해할 때 특히 눈에 띄는 역할을 수행했는데, 그들 중 많은 수가 해안 지역 노예 농장으로부터 탈출했었기 때문이다. 대서양 해상 노동 시장과 선원들의 경험은 오래전부터 초국적^{transnational}이었다. 해적선의 사회적 구성이 이를 입증하며 해적의 어깨에 앉아 있는 앵무새도 마찬가지이다. 해적은 잡색 부대$^{motley\ crew}$와 함께 지구의 이국적인 변방까지 항해했다.

이 무법자들은 교수대가 그들을 기다리고 있음을 알고 있었지만 이미 목숨

---

1. [옮긴이] 이 그래픽 노블의 원제이다.

을 걸고 있었고 일과 중에 일찍 죽어가고 있었다. 이들은, 나포할 선박의 선장들을 겁에 질리게 하고 그들의 신속한 항복을 조장하기 위해서(대부분의 선장들은 메시지를 알아듣고 순응했다) 죽음의 상징인 "해골"을 그려넣은 졸리 로저를 통해서 이 점을 분명히 보여주었다. 하지만 이 깃발은 결국 사냥당할지도 모른다는 해적들 자신의 두려움을 나타내는 것이기도 했다. 해적들은 선원 한 명이 사망할 때마다 자신의 항해 일지에 죽음의 상징을 그렸던 선장으로부터 이 죽음의 상징을 가져왔다. 해적들은 자주 폭력과 유한한 시간의 상징들인 사람의 심장을 관통하는 무기와 모래시계를, 자신의 삶에 대한 끔찍한 진실을 깃발에 추가했다. 그들은 또한 부자들에게 암호화된 메시지를 보냈는데, 부자들은 '로저'to roger라는 동사가 교미를 의미한다는 것을 알고 있었다. 해적기는 "엿 먹어"fuck you라고 말했다. 분노와 유머는 이 바다 무법자들을 특징짓는 핵심 요소들이었다. 권력자들에 대한 불타는 분노와 어떤 대가를 치르더라도 예속보다는 자유를 선택한 사람들의 유머였다.

　이어지는 페이지들에, 묻힌 보물 찾기도, 유령선도, 부당한 취급을 받다가 바다로 내몰린 귀족도, 통치자의 아름다운 딸과 사랑에 빠진 해적도 등장하지 않는다는 점에 대해서 실망하는 사람도 있을 것이다. 그러나 공교롭게도 해적의 실제 역사는 할리우드의 신화보다 훨씬 더 심오하다. 이것은 검은 깃발을 들고 실제적 민주주의 체제를 창출한 평범한 실제 선원들에 대한 이야기이며 폭력적 최후를 피할 수 없었지만 달리 다른 최후를 선택할 수 없었던 사람들의 이동하는 형제애에 관한 이야기이다.

　데이비드 레스터는 나의 책 『만국의 악당들 : 황금시대의 대서양 해적들』을 각색하면서 뛰어난 섬세함과 시각적 힘으로 해적들의 "아래로부터의 역사"를 묘사했고, 왜 사람들이 무법자가 되는 것을 선택했는지(노동조건, 채찍질, 너무 이른 죽음)와 그들이 법의 테두리를 벗어나 자기 자신들을 위해 어떤 사회를 구축했는지에 대한 진짜 이유를 인간적인 관점에서 조명했다. 레스터는 이 해적들을 소생시킨다. 레스터의 손을 거쳐 이 해적들은 전 지구적 자본주의에 동력을 공급했고 이후에는 그것에 도전했던 노동자들로서뿐만 아니라 다른 세상이 가능하다는 것을 알았던 사상가들과 행동가들로 되살아난다. 무엇보다도 중요한 것은, 우리가 맞서서 저항해야 할 권력자가 존재하는 한 그리고 싸워야 할 사회 정의의 대의들이 있는 한, 우리는 언제까지고 해적들을 사랑할 수밖에 없는 이유를 데이비드 레스터가 보여준다는 점이다.

연표

해적의 황금시대, 1660년~1730년

1660년대 : 카리브해 전역에서 버커니어 해적들이 스페니쉬 메인을 공격했다. 자메이카에 근거지를 둔 헨리 모건이 주도했다.

1690년대 : 해적들이 마다가스카르에 기지를 건설하고 인도양에서 무역선을 공격했다.

1695년 : 헨리 에이버리와 그의 해적선 선원들이 인도 그랜드 무굴의 보물 함대를 나포했다.

1698년 : 잉글랜드 의회가 <해적행위의 더 효과적 진압을 위한 법>을 통과시켰다.

1701년 : 사략선(적국의 상선을 공격할 것을 허가받은 무장한 민간 선박) 선원으로 일하다 해적이 된 윌리엄 키드 선장이 런던에서 처형되었다. 스페인에 대한 해적행위를 장려했던 잉글랜드 통치자들이 이제 해적행위를 적대시하게 되었다.

1713년 : 스페인 왕위 계승 전쟁/앤 여왕 전쟁이 종식되자 수천 명의 선원이 실업자가 되었다.

1715년 : 난파선에서 보물을 찾던 선원들이 해적이 되었다.

1717년 : 해적들이 바하마제도에 그들만의 "공화국"을 세웠다. 에드워드 "블랙비어드" 티치와 선원들이 북아메리카 해안을 습격하였다.

1718년 : 영국 통치자들이 바하마제도를 재탈환하기 위해 우즈 로저스를 파견했다.

1718년 : 스티드 보넷과 22명의 다른 해적들이 사우스캐롤라이나주 찰스턴에서 교수형에 처해졌다.

1720년 : "블랙 바트" 로버츠가 수백 척의 배를 나포하며 대서양 노예무역을 방해했다.

1721년 : 영국 정부가 1698년의 법을 강화하여, 해적과 협조하는 모든 이를 처형하겠다고 공언했다.

1722년 : 영국 왕립 해군이 로버츠의 함대를 패퇴시키고 로버츠는 전투 중 사망한다. 52명이 교수형당했지만, 여전히 많은 해적들이 활동 중이었다.

1726년 : 윌리엄 플라이가 보스턴에서 교수형에 처해졌다. 그는 당시 처형된 수백 명 중에 한 사람이었다. 선원들에 대한 경고의 의미로 해적들의 사체가 부둣가에 매달렸다.

1726년 : 해적의 황금시대가 끝나다.

용어 목록

고리 영감(Old Mr. Gory)	금 한 조각
근사한 대구(Rum cod)	금이 잔뜩 들어있는 돈주머니
데이비 존스의 로커(Davy Jones's Locker)	해저면
럼주 범장의(Rum rigged)	좋은 옷을 입은
베이컨 낯짝(Bacon Faced)	넓죽이
보우기(Bogy)	엉덩이
비늘 많은 물고기(Scaly fish)	뱃사람
엉덩이 붙여(Anchor your arses)	앉아
재수 좋은 신사들(Gentlemen of Fortune)	해적들
졸리 로저(Jolly Roger)	해적의 흑색기
종다리(Skylark)	일을 피하는 사람
주정뱅이풀(Sotweed)	담배
죽음의 머리(Death's head)	해골 밑에 대퇴골을 엇갈리게 배치한 그림
죽이는 악마(Kill Devil)	럼주
"책임지러" 가다(Going "upon the account")	해적이 되다
처진성기(Lobcock)	팔불출
총알을 씹다(Chew the bullet)	신음을 참다
퀴드(Quids)	현금, 땡전
통나무대가리(Chuckle-headed)	얼간이
포병의 딸과 입맞추기(To kiss the gunner's daughter)	선박의 대포에 묶인 채로 채찍질당하기
프랑스 매독(French pox)	성병
피 묻은 등짝(Bloody back)	빨간 코트를 입은 영국 병사

우리도 당신에게 연민을 느끼고 분노가 나.

"스키너"*라는 이름이 괜히 붙은 게 아냐.

* 껍질을 벗기는 자

걱정 마, 존 형. 우리 모두 몸에 호랑이 줄무늬를 갖고 있어.

내 거는 포병의 딸과 입 맞추고* 메리앤호에서 윌슨 선장을 때려눕혀 생겼지.

결국엔 럼주가 유일한 치료제지!

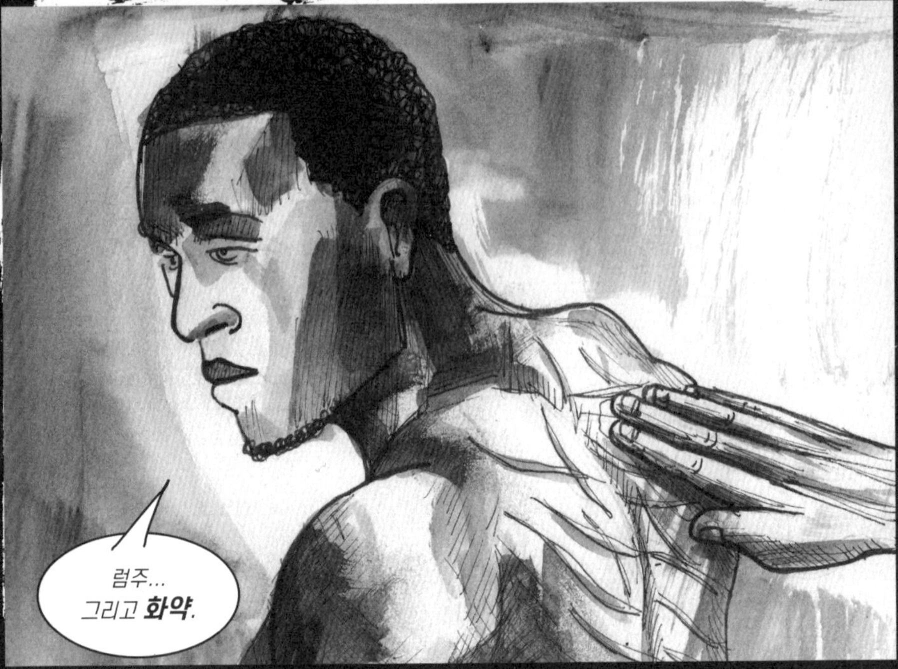

럼주...
그리고 **화약**.

정말 웅장하네. 이 바다.

고통과 비참이 소용돌이치는 곳이지만.

존...

선원과 노예들의 묘지이고.

내 진짜 이름은 메리야.

살아있고 자유롭다니, **우리는** 운이 좋아.

메리...?

난 런던에서 사생아로 태어났어. 어머니는 내가 좀 더 쉽게 일하고, 구걸하고, 도둑질하고, 싸울 수 있도록 항상 남장을 시켰어.

난 상관 없었어. 어떻게 보면 좋았어. 나중에 군인이 되었을 때 도움이 되었지.

군인?

앤 여왕의 전쟁. 거기 참전한 여자가 나 혼자인 것도 아니었어.
나는 검과 권총을 다룰 줄 알아.
전쟁이 끝나고 바다로 나갔지.
해적들이 우리 배를 나포해서 나도 그들과 합류했어.
선원들이 네가 여자인 걸 알게 되면...
선내 갈등을 일으켰다고, 배의 질서를 어지럽혔다고 비난당할 수 있어.
일부는 너 때문에 재수가 없다고 생각할 거야.
어떤 사람들은 널 강간하려고 할 거야.
난 바다와 육지에서 온갖 위험을 견뎌왔어.
운에 맡길 거야.
진짜 해적의 정신이군!
그래서 너도 내가 재수 없다고 생각해?

왕립아프리카회사의 엉덩이 무거운 지배자들을 위하여 **건배!**

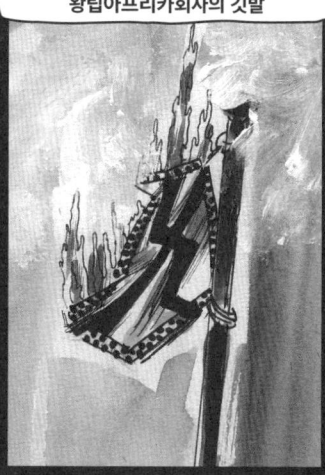

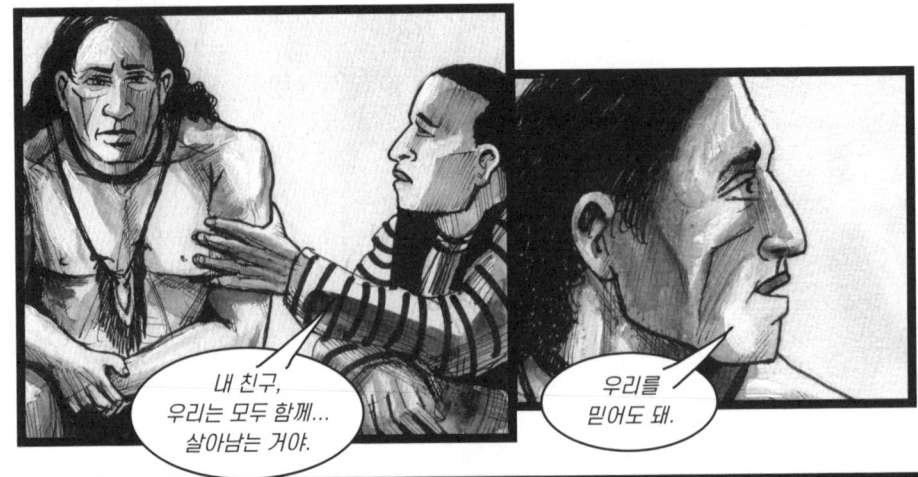

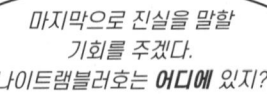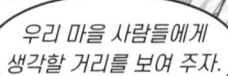

법은 **지켜질** 것이다.

이 고집스러운 얼간이를 **죽여**버려라.

포트로얄로 출항한다.

그 악당 무리의 항로는 틀림없이 그 해적의 도시를 통과할 것이야.

자메이카, 포트로얄

제군들, 긴 밤이 되겠군.

네, 스넬그레이브 선장님, 저희는 대기하겠습니다.

"J에게. 선물이 있으니 거기 계셔요. B."

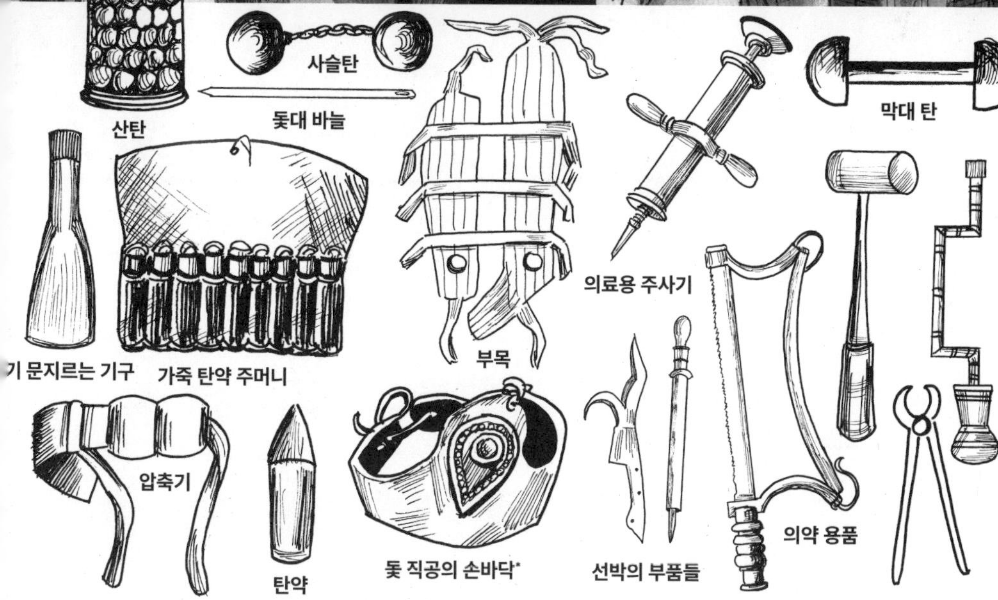

의미 있는 소식이기를 바랍니다.

비밀스러운 소식이군요.

하지만... 블랙 바트, 지금은 거래를 할 시간입니다.

그리고... 당신과 당신의 선원들을 환영하는 잔치를 열 시간이에요.

머스킷총
아편
럼주
염장한 쇠고기
검
화약
완두콩
쇠기름
권총

산탄
사슬탄
돛대 바늘
막대 탄
의료용 주사기
부목
기 문지르는 기구
가죽 탄약 주머니
압축기
탄약
돛 직공의 손바닥*
선박의 부품들
의약 용품

* 돛을 꿰맬 때 바늘을 누르는 손바닥에 매는 가죽

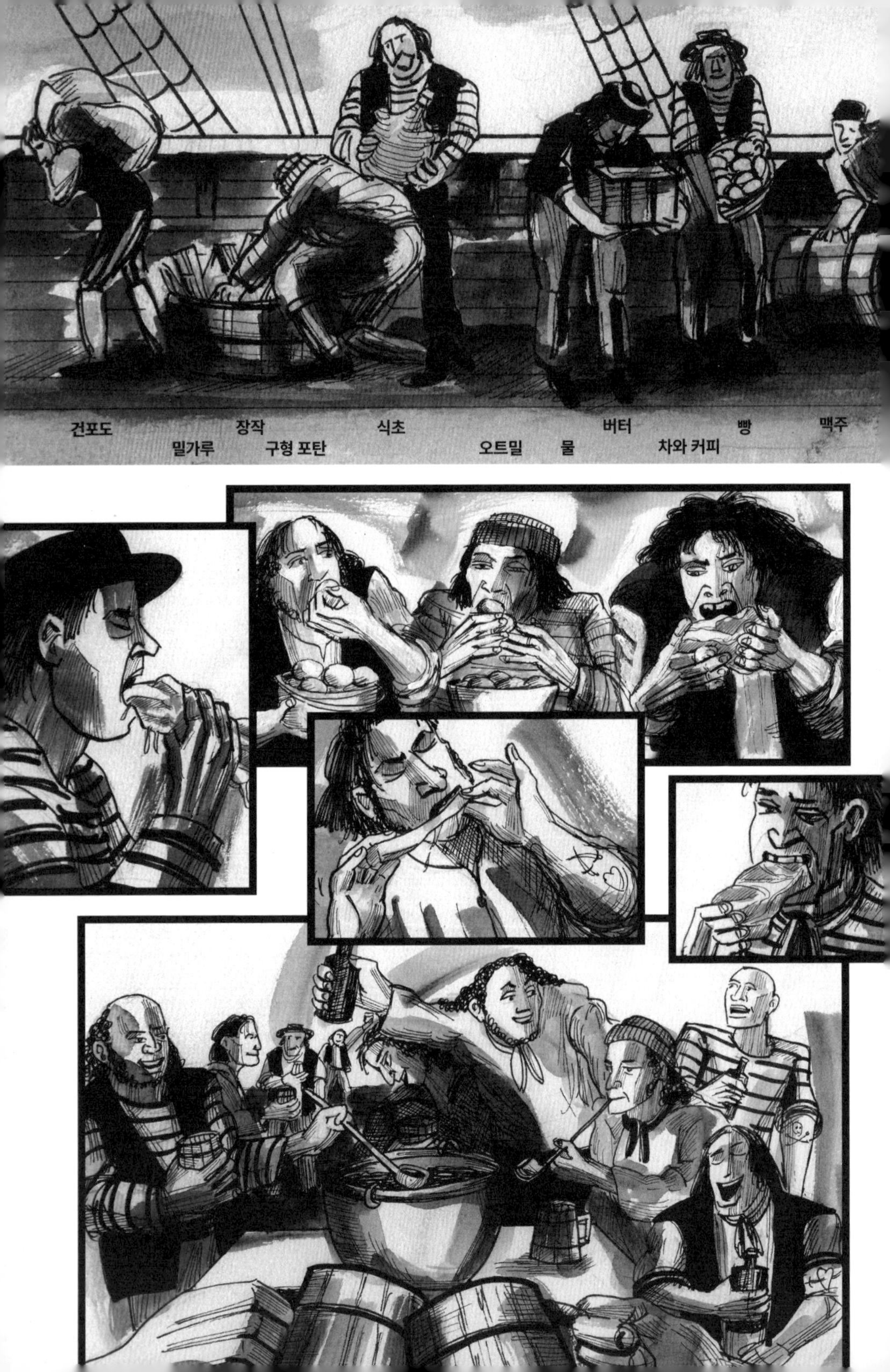

건포도　　　장작　　　식초　　　　　　버터　　　　빵　　　맥주
밀가루　　구형 포탄　　　　오트밀　　물　　차와 커피

있소…
선원 형제들이여,
나는 15년 전
스넬그레이브 선장과 함께
사략선 항해를 했다오…
그는 선원들을
잘 대우하는
정직한 사람이라고
생각했소.
아니야!
그는 살인자요!
교수형에
처하라!
복수는
우리의 것이다.
동지,
그렇게 간단한 문제가
아니야.
우리 형제가
그를 위해서
발언하고 있잖아.
당황한 표정이군,
스넬그레이브 선장.
해적 생활에 대해
내가 본 모든 것은
충격적이야.
듣던 것보다
더 나빠.
너는 선장으로서
아무런 힘이 없어.

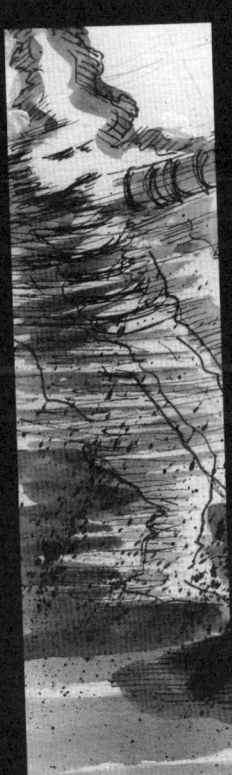

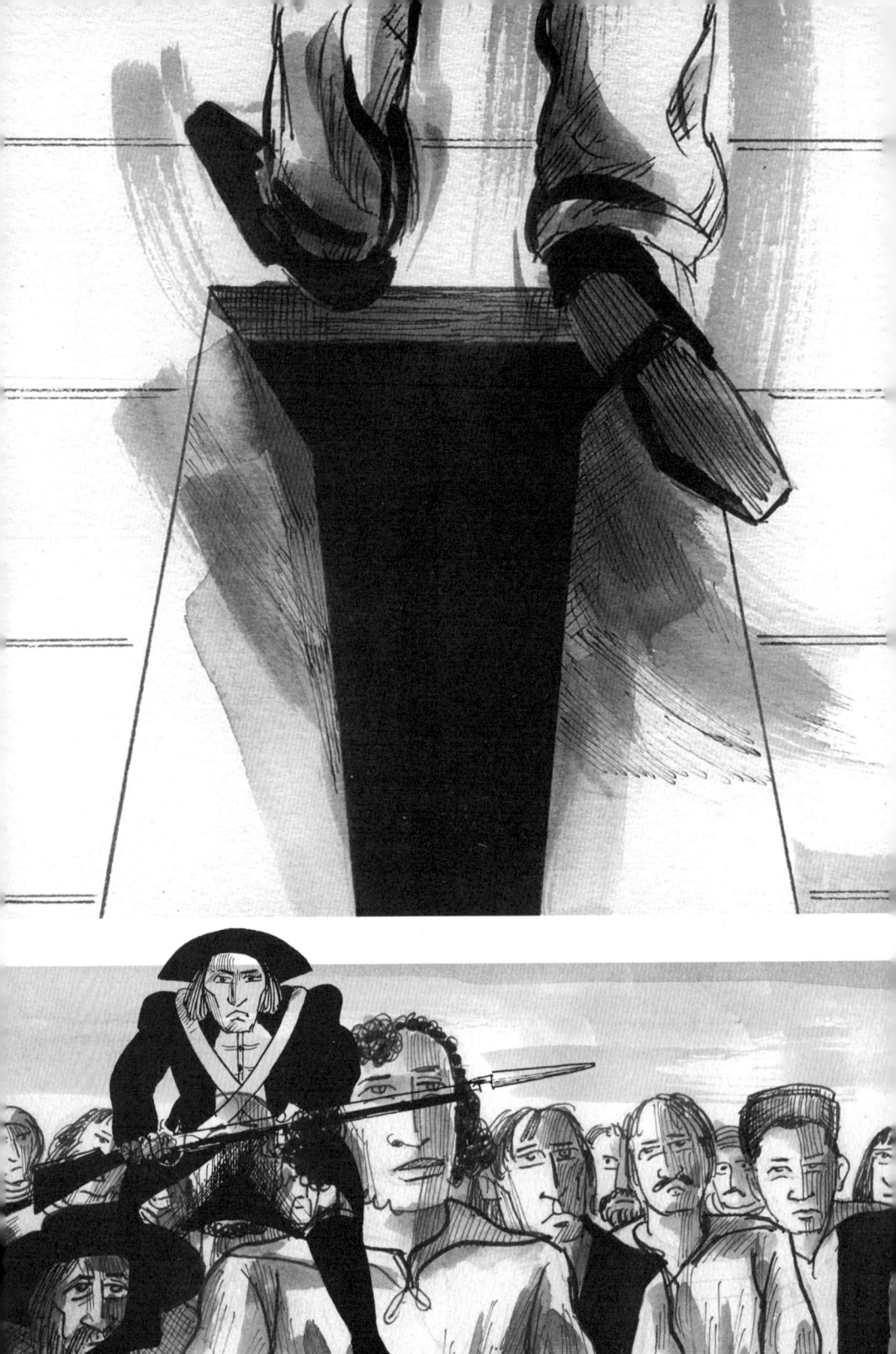

엮은이 폴 불의 후기

우리가 보아온 해적들 :
대중문화사로부터의 주석

마커스 레디커의 해적 역사 대작saga에 대한 데이비드 레스터의 고유한 각색은 그 자체의 예술적 독립성이나 위상을 갖지만, 아마도 그것을 이해하는 가장 좋은 방법은 수 세기 동안의 독자들의 '해적'에 대한 이미지들을 탐구하는 것에서 찾을 수 있을 것이다. 레디커의 학술적인 업적 덕분에 우리는 오늘날 이 역사에 대한 광범위한 재해석을 경험하고 있으며, 그 누구도 진지하게 생각하지 않았던 것 같은 이 이야기가 훨씬 더 복잡한 것이라면, 대중문화 속에서 이 이야기가 보여지고 느껴져온 방식들은 우리에게 많은 것을 말해준다. 또 그것들은 다양한 상황에서 제국의 권력에 맞섰던 평범한 사람들의 투쟁을 다룬, 다르고·더 나은 어떤 예술을 향해 나아가는 길을 제시할 수도 있다.

영어권에서 그 어떤 인물과도 비교할 수 없을 만큼 오랫동안 지속되어 온, 신화 속 무법자이지만 민중people의 친구인 로빈 후드와 상당히 유사하게도, (매우 복잡한 범주를 단순화하여 말하자면) 해적은 대중화되고 낭만화되는 것에 타고난 재능을 보여 왔다. 해적은 법과 질서의 테두리 너머에 존재한다. 그들은 바다와 바다 밖에서 자신의 삶을 자랑하며 열렬히 노래한다. 진보적이거나 급진적인 해석에 따르면 그들은 때때로 쫓겨난 자들의 투쟁에 직접 참여하기도 하지만, 그보다 더 자주 시대의 낙오자인 그들 자신의 생존을 위해 투쟁했다.

고대부터 현대까지의 더 방대하고 긴, 대단히 복잡한 해적의 역사는 제쳐

두고, 여기서 우리는 18세기 초 '해적의 황금시대'를 집중적으로 살펴보고자 한다. 상업 출판의 확산과 함께 해적과 해적행위는 대중적 관심에 알맞은 소재를 제공했다. 재능 있는 삽화가들은 이미 18세기의 첫 10년 동안 대중적인 묘사를 제공하기 시작했다. 찰스 존슨 선장의 『해적들의 일반 역사』(1724)에는 1722년 전투 중에 전사한 "블랙 바트" 로버츠 선장에 관한 이야기가 가득하며 우리에게 시작을 알린다. 블랙 바트는 후대의 해적 이미지들과는 거리가 먼 멋진 가발, 긴 양말, 가터 훈장을 차고 있었다. 육지에서 정직하게 생계를 유지할 수 없었던 청년이 상선에 납치되어 인질로 잡혔다가 나중에 선원들의 투표로 해적선의 선장이 된, 역사상 가장 성공한 해적임이 틀림없는 블랙 바트는 한 시대의 종말을 상징하기도 했다. 그의 처형으로 황금시대가 막을 내렸다. 해적 우두머리나 부관 같은 더 하층계급처럼 보이는 여성들을 제외하고 여러 세대 동안 다른 많은 해적 장교들이 그러했듯이, 블랙 바트는 삽화가들에 의해 "신사"인 것으로 그려졌다. 여성보다는 남성이 더 많았던 거친 해적들은 곧 점점 더 거친 모습으로 그려지게 되었지만, 여전히 많은 작가들의 상상력에서 비롯된 스타일로 그려졌다.

한편 해적은 대중 문학을 점령하였고, 초창기부터 엄청나게 많이 그려졌으며, 이후 한 번도 사라지지 않았다. 다니엘 디포는 『로빈슨 크루소』(1719) 그리고 "해상 모험"이라고 할 수 있는 다른 작품들에서 실제에 어느 정도 가까운 애꾸눈의 외다리 해적과 졸리 로저 트레이드마크를 발명했거나 또는 적어도 대중화한 것으로 보인다. 바이런 경, 월터 스콧 경, 라파엘 사바티니, 아서 코난 도일 및 다른 이들은 바로 아동 문학의 대가, 스코틀랜드 작가 로버트 루이스 스티븐슨과 경쟁했다. 『보물섬』(1881)과 『납치』(1886)는 심지어 동료 스코틀랜드인 J. M. 배리가 쓴 아동문학의 고전 『피터 팬』을 비롯하여 이후의 많은 작품들을 위한 풍조를 확립했다. 작가들은 기억되는 만큼 삽화가들은 차례로 잊힐 가능성이 높았다.

19세기 후반에 문해력이 향상되고 1880년대에 저렴한 비용으로 잡지를 제작할 수 있는 인쇄 기술이 출현한 것은 중요한 영향을 미쳤다. 10센트라는 잡지 가격이 세기가 바뀌면서 독자 수를 크게 증가시켰고, 발행 부수가 급격히 증가하면서 광고를 통해 정기 간행물을 제작 원가 이하로 가판대에서 판매할 수 있게 되었다.

1877년의 철도 봉기들, <노동기사단>의 흥망성쇠, 헤이마켓과 풀먼 파업 등 미국에서 계급 갈등들이 첨예화된 1870~90년대의 사건들은 <인민당>People's Party의 짧은 인기와 대중적인 사회주의 운동을 구축하려는 최초의 시도들로 나타나기도 했다. 아래로부터의 모든 투쟁이 성공적으로 분쇄되는 것처럼 보였고 이는 복수의 서사들에 대한 대중의 애호를 더욱 강렬하게 만들었다. 실제로, 부상하는 산업들에서 그들의 노동력을 착취당하는 절망적인 빈곤층으로부터 불과 몇 블록 또는 몇 마일 떨어진 곳에 살고 있는 한가한 부자들에 대한 묘사들은 누군가, 무언가 반격할 필요가 있다는 인식을 강화했다.

무대 위에서는 해적이라는 주제가 단 한 가지 이유로 로빈 후드에 필적했다. 주인공과 그의 유쾌한 추종자들의 육체를, 쾌활한 악당들을 보는 것이 그들에 관해 책을 읽는 것보다 훨씬 더 좋았기 때문이다. 그렇다면 무대 위에서 길버트와 설리번의 오페레타 <펜잔스의 해적>(1892)을 능가하거나 그보다 더 오래 지속될 수 있는 것이 있을까? <펜잔스의 해적>은 오페레타라는 장르의 이미지를 확립하고 동시에 풍자했으며, 여러 세대가 지난 뒤에 드래그 복장을 했던 버트 랭커스터 같은 영화 거장의 희극적 특질을 만들어 내는 데 도움을 주었음이 분명하다.

최초의 문학 작품이 쏟아져 나온 지 한 세기가 지나고 목판화가 본격적으로 등장하면서, 일간지를 포함한 서적들과 정기 간행물들에서 해적에 대한 더 정확한 예술적 묘사, 인쇄물상에서의 묘사가 만개하는 듯했다. 역사 연구에서 분명한 근거를 가지고 있지 않은 이미지들이 지속되었다는 점은 지금까지는 중요하게 여겨지지 않았던 것으로 보인다. 신진 작가가 관심을 가질 이유가 있었을까?

이에 대해서 관심을 가졌던 한 작가가 해적의 이미지들뿐만 아니라 예술의 영역까지 바꿨다고 말할 수 있다. 이 작가의 해적들은 세계 어느 곳에서나 볼 수 있는 셔츠부터 바지, 장신구에 이르기까지 몸에 잘 맞지 않고 더러운 옷을 입고 있었다. 그들은 전혀 신사가 아니었고, 오히려 강인한 노동계급 캐릭터들이었다. 작가는 어떤 강렬한 눈빛과 구부정한 자세를 그들의 절박한 기대감의 증거로 포착하여 표현했다. 또한 그가 배를 세심하게 그렸다는 점도 이 작가가 매우 중요하다는 점에 대한 추가적인 근거가 된다.

그는 "미국 일러스트레이션의 아버지"로 불리는 하워드 파일(1853~1911)인데, 그는 다양한 해적 이야기들을 강조해서 담은 자신의 책 삽화들로 처음

널리 알려지기 시작했다. 이후 파일은 필라델피아에 훗날 드렉셀 대학교가 되는 일러스트레이션 예술 학교를 설립했다. 그의 제자들은 미국 최초의 성공적인 상업 일러스트레이터 집단으로 꼽히며 이후 여러 세대의 유명 일러스트레이터들에게 영향을 미쳤다. 맥스필드 패리쉬, 그리고 심지어 노먼 록웰 같은 인물도 이들의 영향을 받았다.

파일은 호황을 누리고 있던 미국 박물관과 개인 소장품에서 널리 구할 수 있는 예술품, 특히 해적과 관련된 인쇄물, 전 세계 판화 거래를 통해 새롭게 접할 수 있게 된 인쇄물들에 몰두했다. 그는 복식 서적과 역사적 원고들을 찾아보며 정확도를 높이기 위해 노력했지만, 실제 해적의 일상적인 작업복에 대한 정보가 부족해 결국 정확도를 높이는 데 한계가 있었다. 그럼에도 불구하고 그가 결연한 상상력의 작업으로 확립해낸 해적의 이미지가 여러 세대에 걸쳐 유지되었고 현재까지도 살아있다고 할 수 있다.

파일이 반란하는 자를 사랑했었다고 상상한다면 공상일까? 그는 셔우드 숲의 무법자 로빈 후드를 특별한 애정으로 그렸지만, 숲 자체에 대한 애정도 그만큼 컸다고 한다. 파일의 작업과 그가 제자들을 통해 형성한 "브랜디와인 유파"의 많은 작품들은 창의적이고 현대적인 modern 방식으로, 즉 인간이 자신의 환경을 무엇으로 만들었든 그것을 넘어 숲을 그 자체의 생명력을 가진 것으로, 자연에 대한 구전 지식들을 강조했다. 바다를 항해하는 선박과 그 안에 사는 인간들 주위를 고동치는 바다에 대한 파일의 비전은 육지인이 통제는커녕 이해할 수 있는 범위조차도 넘어선 것이 분명했다. 그의 선원들은 항상 자연 재해에 대한 불안감을 안고, 당국의 위험뿐만 아니라 해류와 폭풍우, 당국의 위험에서 살아남는 것을 행복으로 여기며 자신들의 환경 속에서 살았다. 바다는 로빈의 셔우드 숲처럼 계급 사회의 지배에서 벗어날 수 있는 탈출구를 제공했지만, 동시에 당국에 붙잡혀 죽임을 당할 수 있는 극심한 위험을 안겨주기도 했다.

파일은 작가 생활 내내 해적의 그림을 그렸는데, 그중 많은 작품은 『하워드 파일의 해적의 책』(1921)에 수록되어 있다. 수십 년 전에 그는 "1720년 모잠비크 해협의 후아나 섬에서 유명한 해적 에드워드 잉글랜드와 관련하여 존 자크라 선장에게 일어난 어떤 모험에 대한 자세한 설명이며, 선장 자신이 직접 집필하고 이제 최초로 출판된다"는 부제가 붙은 『낙원의 장미』(1888)를 쓰고 삽화를 그렸었다.

파일의 제자 프랭크 E. 슈노버도 오랜 일러스트레이션 경력 동안 해적들을 그렸고 비평가와 일반 독자의 찬사를 받았다. 그러나 로버트 루이스 스티븐슨의 『납치』(1913)와 『보물섬』(1915)의 삽화를 그린 파일의 제자 N.C. 와이어스Wyeth가 다음 세대의 관심을 사로잡으며 이 분야의 고전을 남겼다. 실제로 지난 세기 동안 파일과 와이어스의 해적에 필적하는 후속 만화 각색(또는 원작)을 찾기가 어려울 정도이다.

이와는 대조적으로 1920년대 말에 등장한 액션 위주의 일간 코믹 스트립[연재 만화]에 해적이 거의 등장하지 않았다는 것은 안타까운 일이다. 1939년 토템적 작가 밀턴 캐니프가 시작하여 이후 여러 후계자들이 이어받은 <테리와 해적들>은 인종적이거나 인종차별적인 후진성을 보여주는 특별한 사례이다. 전 지구적 남global South을 배경으로 하는 1930~1950년대의 다른 대부분의 모험 스트립들은 아프리카에서부터 뉴욕에 이르기까지 백인이 아닌 사람들이 종속적인 위치에 있지만 여전히 인간처럼 보이는 모습을 보여주었다. 캐니프의 스트립에서는 에로틱하게 매혹적인 '용의 여인' 캐릭터를 제외한 아시아인들은, 전시의 반일反日 선전 선동에 부합하는 황색 피부의 반인반수 캐리커처에 더 가깝게 등장한다. 테리는 해적을 견제했다.

1940~50년대의 새로운 대중 문학인 만화 잡지comic book에서는 EC 코믹스가 등장하기 전까지 해적이라는 테마를 거의 찾아볼 수 없다. 만화 잡지에 등장하는 영웅들의 미국주의는 코믹 스트립에서와 마찬가지로 아마도 시대적 배경으로 인하여 19세기 이전의 주인공들을 거의 찾아볼 수 없었기 때문에 해적은 대부분 제외되었다. 군사 행동을 낭만적으로 묘사하는 만화들을 포함하여 온갖 종류의 기존 만화comics를 풍자했던 패러디의 대명사인 만화 잡지 『매드』(1952~1955)에서도 해적은 단 한 명도 등장하지 못했다. 그러나 『매드』의 출판사는 그렇지 않았다. 1954~55년에 발간된 EC의 『해적』Piracy 만화 시리즈는 19세기부터 현재에 이르기까지 이 장르의 가장 뛰어난 예시라고 할 수 있다.

약간의 설명이 도움이 될 것이다. 부친의 갑작스러운 사망으로 작은 만화 회사를 물려받은 젊은 윌리엄 게인스는 가장 재능 있고 진지한 젊은 만화가 몇 명을 고용하고, 마찬가지로 편집의 거인들이었던 하비 커츠먼과 앨버트 펠드스타인을 고용하여 기반을 다졌다. 곧 두 사람은 역사를 통해 전쟁을 어느 정도 사실적으로 다루는(그리고 대담하게도 현재의 한국전쟁을 포함하는), 놀

랍도록 사실적인 여러 시리즈들, 핵전쟁의 위험성을 끈질기게 경고하는 SF 시리즈, 인종차별과 우익 경계주의를 공격하는 '사회' 코믹스 등을 기획하고 주도했다.

아동을 타락시킨다는 의혹에 대한 의회 조사로 위기에 처한 만화 사업을 살리기 위해 마지막 순간까지 실험적인 노력을 기울인 EC는 커츠먼이 떠난 후 잡지 『매드』의 전성기를 이끌었던 펠드스타인의 지도 아래 단 일곱 호의 『해적』을 발행했다. 『해적』은 여러 면에서 전형적인 EC 만화였다. 이야기의 서사가 탄탄했고, 월리 우드, 잭 데이비스, 그리고 잘 알려지지 않은 리드 크랜달 등 이 분야의 거물급 아티스트들이 등장했다. 이미지들은 그것들의 시각적 표현 즉 카메라-같은 리얼리즘과 캐리커처의 사용, 그리고 줄거리와 이미지에서의 놀라운 결말이라는 점에서 뛰어나다.

커츠먼이 그린 전쟁 만화 잡지로 학자들 사이에서 가장 잘 알려진 EC사의 만화 잡지는 대하 역사만화를 위해 진행된 연구에서 독보적인 것으로 남아있다. 『해적』도 이 규칙을 따랐다. 선장부터 말단 항해사의 단추 하나에 이르기까지 그들의 의복에 대한 묘사, 까마귀 둥지에서부터 배의 창자에 이르기까지 배의 물리적 모습에 대한 묘사, 모든 종류의 무기와 특히 비인간적으로 된 선원 자신에 대한 묘사까지, 모든 것이 거의 절제 없이 대담하게 묘사되어 있다. 펠드스타인은 연구뿐만 아니라 내러티브 작성에서도 귀재였다고 하며, 작가들이 자신만의 터치를 더할 수 있는 자유를 충분히 보장했다.

폭력성을 갈망하며 찾는 독자는 이 작품에서 폭력을 충분히 발견할 수 있었다. 하지만 EC 만화에서 늘 그렇듯이 강자에 대항하는 약자나 가해자에 대항하는 영웅에 대한 옹호를 기대하는 젊은 독자도 마찬가지였다. 창간호의 사설은 "이제껏 여러분이 읽었던 어떤 것과도 다른, 바닷사람들의 허풍yarns을 선보이려 시도하겠"다고 약속했다. "북극에서 희망봉까지, 목조 갤리언 선박들의 시대에서부터 강철로 도금된 거대한 현대식 여객선까지, 로맨스 소설가의 화려한 치장을 벗겨낸 … 바다로 나간 남자들의 모험담saga일 것입니다. 바다의 폭력, 잔인함, 잔혹함 등 … 바다의 실상을 담은 모험담일 것입니다. … 페이지를 넘기다 보면 여러분은 … 낭만적인 소설들에서 종종 화려하게 묘사되는 모험가들을 볼 수 있을 것입니다. 여기서 당신은 그들을 있는 그대로 보게 될 것입니다." 여기에서, 특별하게, 독자들은 바다에서의 모험이나 일자리를 전혀 찾지 않는 젊은이들이 "징용"되고, 선장들의 끔찍한 잔인함으로 반란이

촉발되고, 절망에 빠진 사람들 자신이 일종의 공동체로 뭉쳐 함께 복수를 하는 모습을 볼 수 있었다.

EC와 만화 잡지의 황금기 이후 다양한 공간에서 해적들은 현재까지 재창조되어 왔다. 하지만 만화 버전은 거의 예외 없이 슈퍼히어로의 스핀오프에 머물러 왔다. 이러한 기준을 완전히 벗어나는 한 가지 놀라운 예외는 1969~80년경 언더그라운드 만화 잡지의 전성기에 그려지고 출판된 S. 클레이 윌슨의 해적이다. 그 자신이 싸움꾼이자 술꾼이었던 작가는 독자에게 충격을 주고 만화 검열의 모든 경계를 허물기 시작했고 분명히 성공했다. 그의 해적들은 남성이든 여성이든 적들의 성기를 자르고(심지어 먹기도 했다!), 악마들과 씨름하고, 되는대로 서로를 괴롭히며 윌슨의 다른 주요한 서사적 관심사였던 통상적인 무법자 오토바이족들처럼 계속 나아갔다. 작가는 묘사의 정확성에는 관심이 없었고, 다른 많은 언더그라운드 만화 작품의 폭력성과는 달리 착취자에 대한 계급적 복수도 포함하지 않았다.

데이비드 레스터는 만화 예술의 새로운 길을 선택하거나 오히려 발명하면서 독자를 "과거로 돌아가게" 하고자 했으며, "EC『해적』시리즈의 컬러 작품보다는 호가스의 흑백 동판화 작업과 더 공통점이 있는" 자신만의 예술 작업을 선보이고자 노력했다고 말한다. 수채화, 붓, 연필, 펜 등으로 레스터는 유명한 해적 영화에서 영감을 받아 그림들을 잘라내고 재조합하여 "슬로우모션의 움직임"을 만듦으로써 독자에게 페이지에 머무를 시간을 준다. 이전의 그래픽 노블들에서 레스터는 대본에 연필로 그림을 그릴 때 축소 모형(미니어처)이나 점토 구조물들을 만들었는데, 이 책을 위해서는 18세기 갤리언 선박의 축소 모형을 만들어 어떤 각도에서든 배를 그릴 수 있도록 했다. 매일 그림을 그리기 전에 그는 모형 갤리언의 작동과정을 연구하며 "그 나무로 된 세상에서 살았던" 사람들이 공간적으로 어떻게 살았을지를 상상해 보곤 했다.

이로써 마커스 레디커와 데이비드 레스터의 해적들은 정당한 역사적 위치를 차지하게 된다. 낭만화되지도, 미화되지도, 비하되지도 않은 해적들의 삶과 행동, 그리고 대부분 곧 죽음을 맞이한 해적들이다. 레스터 작품의 영화적 특성들은 그 자체로 거의 모든 것을 말해준다. 마치 위대한 해적 이야기들과 최고의 영화들의 페이지들을 가져와 만화 형식으로 새롭게 표현한 것 같다. 이 모든 역사에서 단 하나의 전작을 꼽으라면 만화 예술이 정점에 도달한 것처럼 보였던 황금기의 『해적』 만화 잡지일 것이다. 이제 레스터의 작품에서 그 해적들이 다시 태어났다.